여유집

임다영 시집

다롱팩토리

여유집

초판 1쇄 인쇄 2024년 11월 25일
초판 1쇄 발행 2024년 11월 27일

지은이	임다영
펴낸곳	다롱팩토리
출판등록	2024년 3월 12일 제 2024-000020호
주소	경기도 부천시 원미구 신흥로 223
전화	0507-1493-1237
홈페이지	www.darong-factory.com
이메일	agency@darong-factory.com

ISBN 979-11-990087-1-7 02810

이 책의 판권은 지은이와 다롱팩토리에 있습니다.
책 내용의 전부 또는 일부를 재사용하려면 반드시 양측의 서면 동의를 받아야 합니다.

작가의 말

우리는 매일 반복되는 일상을 살아갑니다. 아침에 눈을 뜨고, 누군가와 대화를 나누고, 또 누군가의 옆을 스쳐 지나가며 하루를 보냅니다. 그 과정에서 때로는 바쁜 일정에 쫓겨 순간을 놓치고, 의미를 잃은 채 숨 가쁘게 살아가기도 하지요. 그러다 문득, 아주 작은 곳에서 피어나는 여유의 순간을 발견할 때가 있습니다.

잔잔한 바람이 스치는 찰나, 따뜻한 커피 한 잔의 향기 속에서, 혹은 창밖으로 비치는 부드러운 햇살 속에서 우리는 다시금 여유를 되찾기도 합니다.

이 시집 여유집은 바로 그런 순간들을 담고 있습니다. 어느 날 불쑥 찾아오는 소박한 생각들이, 익숙한 풍경 속에서 문득 떠오른 단상들이 한 편의 시가 되었습니다. 때로는 일상

속의 아주 작은 것들이 더없이 깊은 위로와 안식을 전해 주기도 합니다. 특별하지 않은 순간, 평범한 감정들. 하지만 그 속에 우리가 소중히 여겨야 할 가치들이 숨어 있습니다.

이 책을 통해 잠시 걸음을 멈추고, 익숙한 풍경을 다르게 바라볼 수 있는 작은 여유를 느끼셨으면 좋겠습니다. 삶은 때로 무심히 흘러가지만, 그 안에 피어나는 작은 여운들이 우리의 마음을 두드릴 때가 있습니다. 이 시들이 여러분의 마음에도 잠시나마 스며들어 잔잔한 울림과 감동을 남길 수 있기를 바랍니다.

익숙한 것들 속에서 발견하는 낯선 아름다움, 무심코 지나치기 쉬운 순간에서 피어나는 깊은 감정들이 이 책을 읽는 여러분의 하루에도 작은 쉼표가 되기를 소망합니다.

차례

작가의 말　　4

가벼워지기　　10
달빛 아래서　　11
파란 속삭임　　12
잠시만..　　13
안식처　　14
내 귀에 노랫소리　　15
어린 나비의 비밀　　16
내 새끼　　17
창문　　18
파일럿　　19

우리는 시인이다　　20
펜　　22
우산　　23
초콜릿의 숨겨진 이야기　　24
유리병　　26
틈새　　28
생활의 형상　　29
혁신의 장　　30
부부　　31
커피　　32
꽃피는 순간　　33
욕심의 굴레　　34
아침의 출발　　35
출근길　　36
퇴근길　　37
저녁의 위로　　38
집 밥　　39
빨래　　40

침대	41	하늘에 맞닿다	66
지식 밭	42	가끔 혼자 있을 때	67
물감	44	끝 없는 끝	68
커플	46	여백	70
원동력	47	시작과 끝	72
옷 향기	48	경기장	73
연봉	52	시간의 흔적	74
김밥	54	영화 속에 빠져들다	75
안경	55	이겨내야 해	76
과거의 나를 찾아	56	탐험가	78
신호등	57	여행의 위상	79
연극	58	제자리	80
미소의 손길	59	고요한 골목길	81
오로라	60	아침의 인사	82
디자인	62	카페에서	84
빛을 따라	63	마음의 자유	86
충치	64	충분함	88
프레임	65	너와 나	90

바람이 불지 않으면 노를 저어라

윈스턴 처칠 Winston Churchill, 영국 정치인

가벼워지기

지친 그대여, 힘이 들 때
가만히 숨을 쉬어보세요
하늘을 올려다보며
작은 바람에 쓸쓸한 나뭇잎이 춤을 추는 것을 보세요

바쁜 세상은 가만히 멈추고
나의 마음도 편히 쉬어야 합니다
하루의 무게를 덜고
가벼운 마음으로 내일을 기대하세요

눈을 감고 깊은숨을 들이쉬면
작은 행복들이 스며들어 올 것입니다
힘든 일상을 이겨내기 위한
작은 휴식의 시간을 가져보세요

달빛 아래서

은은한 달빛이 내리는 밤
하늘은 어둠을 벗어나
별들이 춤추며 빛난다

나는 달빛 아래서
모든 걱정을 잊고
평온한 마음으로 떠나간다

달빛 아래서 나의 꿈을 펼치며
새로운 나날을 탐험하리라

파란 속삭임

파도가 춤추며 노래하는 바다의 품에서
바람이 부드럽게 속삭이는 소리가 들려와
마음은 푸르게 펼쳐지고, 자유롭게 흐른다

바다여, 너의 노래는 언제나 나를 안아주고
끝없는 모험을 상상케 하여
나의 영혼이 자유롭게 날아가게 한다

함께하여 끝없는 여행을 떠나자
바다의 노래가 우리를 이끌어주리라

잠시만..

일상의 번거로움과 고난에 지친 그대여
고단한 하루 끝에, 이 글을 읽는 그대여

어김없이 밀려오는 시간의 파도
가라앉지 않게 고단한 마음에 묻히지 마세요

잠시, 숨을 고르고
눈을 감고, 소중한 한순간을 기억하세요

바쁜 세상 속에 잠시 멈춰서
단순한 행복을 찾아보세요

힘이 들 때, 나 자신에게 속삭이며
내일을 위한 힘을 모아주세요

힘들고 지친 그대여, 잠시 휴식을 취하세요
내일의 태양이 더 밝게 비춰줄 테니까요

안식처

이불 속에서 숨 쉬며
겨울의 서늘함을 잊어버리고 싶다
부드러운 털이 내 몸을 감싸 안고
따뜻한 안식처가 되어준다

어둠이 내리는 찬바람 밖으로
나는 이불 속에서 온기를 느끼며
잠든 듯 평화롭게 눈을 감는다

이불 속에서 노래하며
내 안에 있는 이 작은 안식처에서
나의 마음은 편안함으로 가득 찬다

내 귀에 노랫소리

살며시 떨어지는 저 노래의 소리
바람이 춤추는 작은 숲속에서

별들이 눈을 감은 밤에도
달빛이 흩날리는 우리의 이야기

꿈의 문을 열어놓고
하얀 구름 위에 두둥실

시간의 흐름이 멈춘 듯
나의 마음은 어딘가로 날아가

어수선한 도시의 소음을 떠나
찾아가고 싶은 곳, 그곳에서 만난다

마법 같은 순간을 담아낸 노래
나의 마음을 자유롭게 풀어내다

어린 나비의 비밀

봄의 꿈을 안은 작은 나비
광활한 하늘을 자유롭게 날아

필사적인 눈빛으로 세상을 바라보며,
꽃의 향기에 푹 빠져 날아간다

가벼운 날개로 하늘을 거닐며
각양각색의 꽃들 사이로 비밀을 묻는다

숨겨진 이야기를 품고 있는 나비
작은 손길에도 모든 비밀을 풀어낸다

어린 나비가 들려주는 이야기는
은은한 은유의 숨결로 가득하다

내 새끼

부드러운 털에 눈을 감고
따스한 온기를 느끼며 안정을 찾는다
네 꼬리 흔들림에 마음이 가라앉고
고독한 밤을 따뜻하게 물들인다

네 눈 속에는 온통 사랑뿐
언제나 나를 이해하고 위로하는 친구
네가 있어서 세상은 더욱 풍요롭고 아름답다

매일 네 곁에서 행복을 나누며
마음의 짐을 함께 나누고 있다
네가 있는 곳은 평화롭고 따뜻한 곳이다

사랑스러운 너의 존재는
나에게 무한한 위로와 기쁨을 준다
네가 있어서 나는 항상 행복하고 감사하다

창문

여는 순간 마주한 창문
투명한 장막을 건너 보이는 세상

책 속 페이지는 창문의 유리
마음을 열어 놓으면 펼쳐지는 이야기

글자 하나하나가 작은 창문
지식의 풍경이 펼쳐지는 창문

문을 열어놓은 마음의 창문
새로운 아이디어가 들어온다

나만의 창문을 열어놓고
세상의 다양한 이야기를 만나다

파일럿

하늘을 품고 날아가는 꿈 많은 비행사
죽어도 못 잊을 만한 터무니없는 일상사

비행기는 내 인생의 기체
가끔은 터무니없는 일들로 가득 차 있지만 뭐

초콜릿은 마일리지, 커피는 연료
인생 비행기는 언제나 놀라운 모험으로 가득하네

마치 레몬처럼 시큼한 실수들도
비행한 뒤엔 새로운 경험의 날개가 된다

강풍과 터빈 소리에 맞춰 춤추는 비행사
너도 나도 하늘처럼 자유롭게 놀아보자!

우리는 시인이다

얇은 종이 위에
마음의 흔적을 남기며
우리는 시인이다

빗방울 소리에 눈을 감고
마음속으로 여행하는
우리는 시인이다

가슴 깊은 곳에서 울리는
그리움과 사랑의 노래를 부르며
우리는 시인이다

어둠 속에서도 빛을 발견하고
고통 속에서도 희망을 끌어안으며
우리는 시인이다

우리의 시는 우리의 삶의
작은 단편이요,
큰 희망이다

우리는 시인이다
깊은 마음을 지닌
끝없는 감성의 여행자들이다

펜

머릿속을 여는 펜의 힘은
글자 하나하나로 이루어진다
마음을 담아 글씨를 써내리면
세상이 조금씩 바뀌어간다

흰 종이 위에 펼쳐진 이야기는
내 마음을 비추고
나를 앞으로 나아가게 한다
펜은 나의 이야기를 그려내는 동반자이다

우산

우산을 펼치고 비를 맞는다
나그네처럼 휘날리는 바람은
마음속의 울림을 자아내고

우산 아래로는 비의 소리가 스며들며
마음속에는 시원한 한 줄기 희망이 새어든다

비 내림 속에서 우산은
우리에게 안식처가 되어주고

그 아래에서 우리는
자유롭게 마음을 펼쳐나간다

비는 가시지만 그 밖에는
땅의 젖은 향기가 피어난다

초콜릿의 숨겨진 이야기

달콤한 초콜릿 뒤엔 비밀이 있어
각인된 모양 그림자 속엔
낯선 이야기가 잠들어 있다

달콤한 조각 하나를 입에 물면
커피와 같은 쓴맛이 입안에 번져
그 속에 숨겨진 어둠의 이야기가 펼쳐진다

한 알씩 녹여 가며
초콜릿의 비밀을 풀어가듯
우리 삶의 깊은 곳에는

숨겨진 이야기가 있다
달콤함 뒤엔 쓴맛이 있고
쓴맛 뒤엔 달콤함이 숨어 있다

우리의 인생도 마찬가지
달콤한 순간 뒤에는 아픔이 숨어 있고
아픔 속에는 성장의 씨앗이 자리한다

달콤한 초콜릿을 맛보며
우리의 이야기를 되새겨보자
그 속에 우리의 깊은 숨겨진 이야기가 있다.

유리병

유리병 속에 시간을 담아
별빛으로 채운 무지개
시간이라는 물건을 살펴보니

시간은 구슬처럼 흘러간다
한순간이 끝나면 다음이 찾아온다
유리병 속에 시간을 담아보니

과거의 추억, 현재의 감정
미래의 꿈, 모든 것이 담겨 있다
유리병 속에 시간을 담아보니

달콤한 순간도, 쓴 시련도
모두가 하나씩 채워져 가는 걸 보니
유리병 속에 담긴 시간은 소중하다

유리병 속에 담긴 시간은
우리의 삶을 품어낸다
유리병 속에 시간을 담아 흔들어보니

틈새

도시의 시끄러운 거리에서
시간은 빠르게 흘러가고
눈에 띄지 않는 작은 틈새가 있다

그 틈새에서는
가랑비 소리와 함께 바람이 스쳐 지나가고
시간은 천천히 흐르며 쉬어간다

사람들은 서둘러 걸어가지만
그 작은 틈새에서는
가만히 앉아 시간을 보내고 싶다

도시의 소음 속에 숨어있는
소란스러운 시간의 틈새를 찾아
우리는 조용한 시간을 보낸다.

생활의 형상

아침 빛이 스며들면
일상의 출발을 알리고
작업의 노래가 울려 퍼진다

하루의 무게를 안고
나아가는 발걸음마다
새로운 형상이 탄생한다

도전과 포기의 과정을 거쳐
우리는 삶의 조각을 창조한다

일의 끝에는 만족이 기다리고
새로운 가능성이 떠오른다

생활의 흐름을 따라
우리는 끝없는 여정을 떠난다

혁신의 장

사업의 경지에서
새로운 길을 열어나가는
우리의 회사는 마치 창조의 장이다

지혜와 역량이 어우러진
우리의 팀은 끊임없는 도전을 꿈꾼다

기업의 발전을 위해
우리는 혁신의 바람을 탄다

매 순간이 새로운 도약을 위한
기회로 여겨진다

우리 회사는 미래를 향해
자신감을 가지고 나아간다

부부

한 책의 장이 엮어진 부부
두 마음이 어울려 이룬 하나
우아한 대화가 그들의 심장을 춤추게 하며
사랑의 강을 향해 흐르네

밤의 쉴 샛길이 그들의 꿈을 밝히며
서로의 품에서 평온을 찾아가네
한마디 한마디가 그들의 삶을 가꾸어가며
영원한 사랑의 심장으로 거듭나네

커피

이슬처럼 깨어나는 아침
찬란한 햇살이 유난히 빛난다
커피 향이 부드럽게 스며들면
마음속에는 평화로운 노래가 흐르네

한 잔의 커피가 손에 닿으면
일상의 모든 근심이 사라진다
따뜻한 맛이 입안을 가득 채우고
우리의 하루는 활기차게 시작된다

꽃피는 순간

만남의 순간, 마치 꽃이 피는 것처럼
따뜻한 인연이 우리의 마음을 밝혀준다
한줄기 빛이 비치는 순간
우리는 서로를 알아가며 성장한다

때로는 서로를 보듬어주고
때로는 함께 울고 웃는다
그 과정에서 우리는 행복과 사랑을 발견하며
새로운 여정을 함께 시작한다

욕심의 굴레

무한한 욕심이 우리를 둘러싸고
가끔은 우리의 마음을 어지럽힌다
욕심은 끝없이 떠오르는 목표로
우리를 현실과 이상 사이에 갇히게 한다

그러나 욕심은 때로는 우리를 속박하고
우리의 진정한 가치를 알아차리지 못하게 한다
때로는 작은 것에 만족하며
우리의 욕심을 굴레에서 해방시키는 것이다

나 자신을 받아들이고
소소한 것에 감사하며 행복을 찾는다면
욕심의 굴레에서 벗어날 수 있을 것이다
그리고 진정한 만족과 평화를 찾게 될 것이다

아침의 출발

새벽이 밝아오면
새로운 기회의 문이 열린다
태양이 떠오르는 그 순간
우리는 다시 시작한다

한숨을 내쉬며 눈을 뜨면
세상은 새로움으로 가득하다
하나의 페이지가 넘어가며
우리는 새로운 모험을 시작한다

작은 일상이 우리를 감싸고
모든 것이 새롭게 변화한다
하루의 시작은 끊임없는 도전과 기회
우리는 감사하며 걸어간다

출근길

어둠이 점점 사라지면
버스는 천천히 출발한다
창밖으로 지나가는 풍경은
우리의 마음을 자유롭게 한다

천천히 걸음을 옮기며
도시의 숨결을 느낀다
한 잔의 커피 향이 차오르며
우리의 하루는 시작된다

시간은 빠르게 흐르고
버스는 길을 따라 달려간다
우리의 목적지는 멀지만
우리의 꿈은 가까이 있다

퇴근길

빛바랜 태양이 서서히 숨을 거둬가면
퇴근길은 조용히 펼쳐진다
도로 위에는 차가운 바람이 스치며
우리의 발걸음을 가볍게 한다

사무실의 문을 닫으면
일상의 고요가 우리를 감싼다
마음은 조용히 휴식을 취하며
하루의 끝을 맞이한다

지친 어깨를 풀며 걸어가면
도시의 불빛이 우리를 반겨준다
집으로 가는 길은 언제나 짧지만
우리의 마음은 평온하다

저녁의 위로

일이 끝나고 나면
한 잔의 술이 기다리고 있다
잔에 담긴 즐거움과 기쁨은
우리의 피로를 풀어준다

잔잔한 대화와 따스한 분위기가
우리를 함께한 술의 기억이 된다
술잔을 들며 고된 하루를 돌아보면
우리의 마음은 안정과 안락으로 가득 찬다

한 잔을 마치고 나면
마음이 가벼워진다
저녁의 위로가 된 술의 향기
우리의 밤을 아름답게 만들어준다

집 밥

가족이 함께 모여
집 밥의 향기가 퍼진다
한 끼의 식사는 마음의 온기를 전해주며
우리를 함께하는 소중한 시간이 된다

간단한 재료로 만든 요리는
우리의 입맛과 마음을 사로잡는다
언제나 같이하는 대화와 웃음소리는
우리를 행복하게 만들어준다

식탁 위에 차려진 음식은
우리의 소중한 추억이 된다
집 밥은 마음을 편안하게 하며
우리의 가정을 따스하게 채운다

빨래

세찬 세월이 스치고 가는데도
나는 빨래를 하고 있습니다
손에 감긴 천으로
쓸쓸한 맑은 물을 소리 내어 지우며

흰옷 한 벌, 그리고 노란 옷
나무 뒤로 건조대에 올려놓으며
태양은 내린다, 바람은 부는데
빨래는 건조되어 햇볕 따스함을 받습니다

한때는 어미가 하던 것
이제는 내가 하고 있습니다
세찬 세월이 가도
빨래는 항상 새롭게 시작됩니다

침대

침대는 마치 시간의 안식처이다
그 위에 누워 눈을 감으면
세상의 모든 괴로움과 스트레스가 사라지고
우리는 평화로운 꿈속으로 빠져든다

베개는 마치 우리의 고민을 받아주는 친구처럼
우리의 머리를 부드럽게 받아준다
그 위로 눈물이 흐르더라도
우리는 그대로 편안한 잠에 빠져든다

담요는 마치 우리를 따뜻하게 감싸주는 이불처럼
우리를 추위로부터 보호해 주고
편안한 온기를 전해준다

침대는 우리의 몸과 마음을 치유하는 곳이다
그곳에서 우리는 새로운 에너지를 얻고
다음 날의 준비를 할 수 있다

지식 밭

학교는 마치 지식의 밭이다
그곳에 우리는 씨앗을 뿌리고
지혜의 열매를 거둘 수 있다

교실은 마치 농부의 밭처럼
선생님은 씨앗을 심어주고
학생들은 열심히 살펴본다

책은 마치 비료와 같아서
우리의 마음을 기름 짜게 하고
지식의 뿌리를 깊게 키운다

강의는 마치 물처럼
우리의 마음을 적시고
새로운 생각의 씨앗을 뿌려준다

학교는 지식의 밭이자
우리의 미래의 희망이다
그곳에서 우리는 자라나고
지혜의 열매를 거두리라

물감

물감은 마치 무지개의 색채처럼,
다채롭고 화려한 세계를 열어준다.
한 물감 한 물감이 우리의 상상력을 자극하고,
새로운 세계로 인도한다.

붉은 물감은 마치 사랑의 불꽃처럼,
우리의 마음을 뜨겁게 만들고,
새로운 열정을 불러일으킨다.

푸른 물감은 마치 자유의 날개처럼,
우리의 마음을 가벼워지게 하고,
새로운 꿈을 심어준다.

노란 물감은 마치 희망의 태양처럼,
우리의 마음을 밝게 비추고,
새로운 희망을 심어준다.

물감은 우리의 삶을 더욱 풍요롭게 만들며,
우리의 상상력과 창조력을 자극한다.
그것은 바로 우리가 살아가는 무지개의 색채이다.

커플

마치 서로의 어깨동무처럼
어려움을 함께 나누고
행복을 함께 나누며
서로의 삶을 함께 걸어간다

한 사람은 마치 봄바람처럼 상큼하고
다른 한 사람은 마치 가을바람처럼 차가워도
그들은 서로를 따뜻하게 감싸며
서로를 이해하고 사랑한다

그들의 사랑은 마치 두 개의 별처럼
각자의 길을 걷더라도
서로가 하늘의 끝에서 만나 빛나는 별빛을 남긴다

원동력

버릇없는 직장 동료는 마치 예술가처럼
그의 행동은 예상할 수 없는 놀라움으로 가득하다
때로는 엉뚱한 말을 하고, 때로는 예기치 못한 선택을 한다

그의 불규칙한 행동은 우리를 위한 새로운 시선을 제공한다
우리는 그를 통해 창의적인 아이디어를 발견하고
새로운 방향을 모색한다

그의 존재는 우리에게 끊임없는 자극을 준다
버릇없는 직장 동료는 우리에게
새로운 가능성을 열어주는 동료이자 친구다

옷 향기

처음에는 고요한 옷장 속
색감이 아름다운 옷들이
조용히 늘어져 있다

그러나 시간이 흘러
모든 것은 변화한다
옷들은 차례로 입혀지고 벗겨진다

그 속엔 기억의 향기가 남아
과거의 감정이 서린다
때로는 행복했던 순간
때로는 슬픔의 기억

그리고 마지막으로
옷장은 다시 고요해진다
모든 옷들이 정리되고

우리는 새로운 날을 위해
다시 옷을 고르게 된다

사람들은 생각이 아니라 행동에 의해서 살아간다

아나톨 프랑스 Anatole France, 소설가, 비평가

연봉

우리의 노력의 보상이다
매달 정해진 날, 우리는 그 보상을 받고
우리의 노력과 희망을 확인할 수 있다

한 달 동안 우리는 땀과 노력으로
일을 하며 성실하게 노력한다
그리고 그 노력의 결과를 받게 된다

그것은 우리의 생활을 유지하고
가족을 먹여살리며
우리의 꿈을 키우는 데 도움을 준다

우리는 그것을 받고 더 큰 목표를 향해 나아간다
더 많이 보상받기 위해 노력하고
더 나은 삶을 위해 꿈꾼다

우리는 더 큰 성취를 향해 나아가야 한다.
그것은 우리가 성장하고 발전하는 과정의 일부이며,
더 나은 미래를 향해 나아가는 길이다.

김밥

마치 작은 비밀 상자 같다
그 속에는 다양한 재료가 숨어있어
매번 새로운 맛을 만나게 해준다

한 입 베어 보면 씹는 즐거움이 터진다
고소한 맛과 신선한 재료가 어우러져
우리 입안에서 춤을 춘다

안경

유리와 금속이 함께 어우러져
우리의 시선을 감싸고 보호한다

우리를 더 선명하게 만들어주고
세상을 더욱 아름답게 보여준다

하지만 그 속에는 더 깊은 의미가 있다
우리의 스타일과 개성을 표현하는 수단이며
우리의 눈을 통해 세상을 더 넓게 바라볼 수 있게 해준다

우리의 눈의 보호자로서
우리의 일상을 더욱 편안하고 아름답게 만들어준다

과거의 나를 찾아

다이어트는 마치 몸과 마음의 여정 같다
한 발 한 발 내디디며
새로운 길을 찾아 나선다

한 조각 한 조각 건강한 음식을 채워가며
몸과 마음을 건강하게 만들어간다

다이어트는 의지와 결단력을 시험하는 도전이며
자신감을 회복하고 새로운 자아를 발견하는 여정이다

다이어트는 우리의 몸과 마음을 위한
소중한 여정으로서 성장시키고 변화시킨다

신호등

신호등은 마치 시간의 중단자 같다
우리를 멈추게 하고
앞으로 나아가기 전에 순간을 되돌아보게 한다

빨간 불은 우리에게 멈춤을 알리고
초록 불은 다시 움직임을 알린다

하지만 그 속에는 더 깊은 의미가 담겨 있다
신호등은 우리에게 쉼을 주고
우리의 생각을 정리하고 다음 단계를 준비하게 한다

그래서 신호등은 우리에게
시간의 중단자로서의 역할을 하며 우리의 앞날을 이끌어준다

연극

어둠 속에 비친 무대 위엔
단 하나의 소리도 없는데
바람이 여기저기로 흩어져
작은 속삭임만이 울려 퍼져

잊혀진 감정들이 녹아내릴 때
그 향기만이 남아 퍼져나가는데
꽃잎처럼 부서지는 순간
소리 없는 춤이 시작될 것만 같았다

하지만 우리는 아직
그 순간을 찾지 못했다
어떤 이야기가 우리를 기다리고 있는지
마음속에 간직하며 끝없이 기다린다

그리고 그 어떤 속삭임도
무대 위에서 울리지 않을 것이다

미소의 손길

마음의 문을 열어주는 친절
따스한 미소로 눈을 빛내며
한 마디 한 마디가 품격 있는
온정의 손길이 우리를 감싸 안는다

세상이 거칠어지는 그 순간
친절이 우리를 다독여준다
작은 행동 하나가 큰 변화를 만들어내며
우리는 서로를 이해하고 품는다

친절은 언어를 넘어선다
마음으로 전달되는 소중한 메시지
우리는 그 손길을 받아들이며
더 나은 세상을 만들어간다

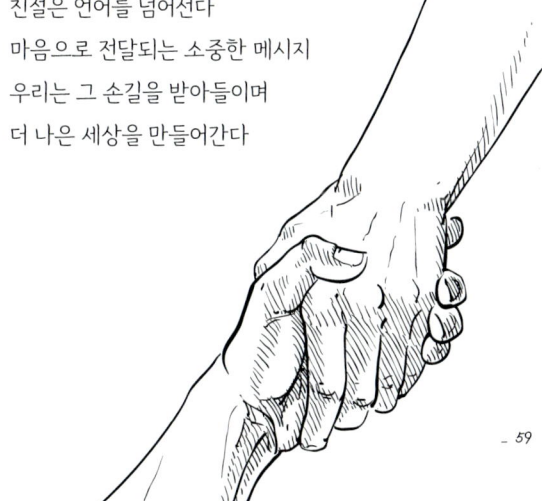

오로라

천장을 뚫고 흐르는
오로라의 빛이
하늘을 가득 채웠다

얼음과 눈덩이들이
차디찬 땅 위에
은은한 빛을 뿌렸다

밤하늘은 마치
그림을 그리듯
아름다운 색채들로 물들었다

그 빛의 흐름이
무한한 공간을 넘나들며
우리 마음을 녹였다

북극의 빛은
순간을 담은 미소처럼
사라졌다.

디자인

처음에는 공백이 넓은 책장 위
아이디어가 떠오르며
색채와 형태가 머릿속을 가득 채웠다

그리고 디자인의 손길이
종이 위를 살며시 스쳤다
생각과 감정을 담아
작품을 탄생시켰다

끝엔 마침내 완성된 작품이
세상 앞에 펼쳐지며
감탄과 칭찬의 소리가
우리를 감싸 안다

우리는 창조의 새벽에서
새로운 아름다움을 발견한다
디자인의 미학을 품고

빛을 따라

어둠의 깊은 속에 갇힌 동굴
바위들이 잔잔히 떨리며 말했다
지나온 옛날의 이야기를

그 속엔 알려지지 않은 비밀들이
은밀하게 감춰져 있었다
맹렬한 불빛도 밝혀내지 못하는

그러나 끝에는 동굴의 입구로
빛이 스며들며 희망의 문이 열렸다
우리는 어둠을 떠나고

다시 밝은 세상으로 발을 디뎠다
동굴 속의 비밀들을 안고
새로운 모험을 꿈꾸며

충치

달콤한 향기와 맛으로
우리의 입맛을 사로잡았다

사탕은 종종
우리를 유혹의 함정에 빠뜨렸다
과도한 섭취로 우리를 속였고
쓰라린 후회를 안겼다

프레임

작은 직사각형 안에 갇힌 순간들
액자는 우리의 이야기를 담아낸다
시간이 멈춰있는 그곳에서
우리는 과거와 현재를 만나게 된다

한 장의 사진이 우리를 되돌아보게 하며
추억의 감정을 불러일으킨다
액자는 우리의 마음속에 흔적을 남겨주며
소중한 순간들을 간직해 준다

색다른 모습을 담아낸
액자는 우리의 상상력을 자극한다
우리는 그 속에서 새로운 이야기를 만들어가며
시간을 간직하는 프레임이 되어간다

하늘에 맞닿다

처음에는 발이 밟는 흙 소리가
등산로를 따라 울렸다
초록빛 나무들이 우리를 반겨주며
하늘이 넓게 펼쳐져 있었다

그러나 가파른 언덕으로 우리를 이끌었다
쉼 없는 발걸음과 숨차는 숨소리로
우리는 점점 높은 곳으로 올라갔다

끝엔 우리는 정상에 도달하고
시야가 넓게 펼쳐져 있었다
하지만 그곳은 침묵으로 가득 차 있었고
우리는 자연의 아름다움에 경의를 표했다

높은 곳의 침묵 속에서
우리는 안정과 평온을 느끼며
자연과 하나가 된다

가끔 혼자 있을 때

끝없는 공허가 느껴지는 세상
마음의 깊은 곳에서 울리는 고요한 소리

혼자인 듯 느껴지는 이곳에서
어둠 속에서 잃어버린 것을 찾고 싶어도

그 공허함은 채워지지 않고
빈자리에 더 크게 번져나가는 듯하다

모든 것이 허무하고 무의미해 보이는 순간
세상은 더욱더 텅 빈 채로 눈앞에 펼쳐진다

끝 없는 끝

사막의 끝없는 장막 너머로
희망의 바람이 스치는가

황량한 땅은 끝없이 펼쳐지고
눈부시게 태양이 내리쬐는 곳

바위 한 켠에는 시간의 흔적이
깊이 파고든 듯 보인다

고독한 사막의 한가운데에서
나는 나의 그림자와 함께 걷는다

얼마나 많은 이야기가 이 사막에
감춰져 있는지 알 수 없지만

나는 이 황량한 장막을 헤쳐나가리라
희망을 품고 단숨에 뛰어보리라

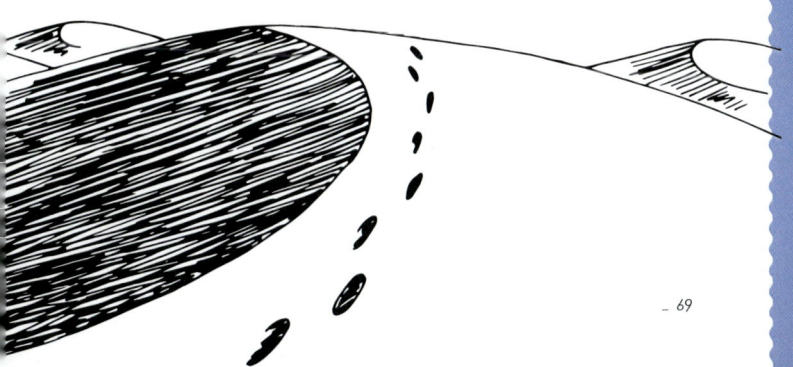

여백

텅 빈 종이 위에
마음의 흔적을 남기려 해도

마주하는 것은 오직
하얀 공백뿐이다

어떤 말로 표현할 수 없는
무한한 감정의 파도가

종이 위에 끝없이 번져나가며
마음을 가득 채우기도 전에

다시 끝없는 공백으로 돌아간다

그러나 그 공백 속에도
무한한 가능성이 숨어있다

새로운 이야기를 펼치기 위해
공백을 가득 채워나갈 때

우리의 마음도 함께 넓어지고
신비한 길로 안내하리라

시작과 끝

흙 속 작은 씨앗이 꿈을 품고
땅속 깊이 부려진 그 아래

시간이 흘러 콩나무가 자라나고
그 아래에는 어린 콩이 열리며

작은 씨앗의 꿈은 이루어진다
마치 작은 세상을 만들어가는 듯

콩은 우리에게 힘을 주고
작은 것에서 큰 의미를 보여준다

우리의 꿈도 작은 씨앗처럼
작은 것에서 시작하여 크게 자라나리라

경기장

고요한 쉼표를 끝으로
새로운 이야기의 시작을 알린다

나가야 할 땅은 넓고 평평하며
하늘이 그 위로 넓게 펼쳐져

선수들은 준비를 마치고
마음을 가다듬어 경기의 날을 맞이한다

각기 다른 색깔의 유니폼은
하나로 뭉쳐진 팀의 결속을 상징한다

공중에는 열기와 기대감이 떠오르고
바람은 새로운 승리의 메아리를 남긴다

열정과 희망이
실현될 수 있는 곳으로 변신한다

시간의 흔적

흰머리는 시간의 흔적이다
삶의 여정을 걸어온 증거이며

한순간 한순간을 거쳐
긴 세월의 흔적을 담아내고

마음속에는 지혜와 경험이
녹아들어 있다

그 흰머리는 자랑스럽게
우리의 고귀한 나이를 상징한다

얼굴에 그려진 주름과 함께
우리는 젊음의 꽃을 지켜나가리라

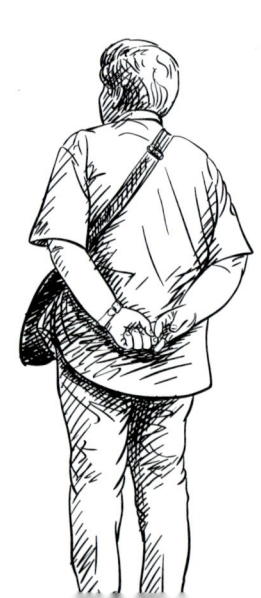

영화 속에 빠져들다

스크린에 비춰지는 영화 속
숨겨진 이야기가 펼쳐진다

각본은 마치 마법사의 주문처럼
우리를 다른 공간으로 이끈다

등장인물은 우리의 마음을 사로잡고
우리는 그들의 여정에 동참한다

한 장면 한 장면은 마치 삶의 단편소설처럼
우리의 감정을 뒤흔든다

그리고 우리는 영화 속으로 빠져들어
몰입하며 잊혀진 이야기를 발견한다

영화는 우리에게 감동과 전율을 선사하며
끝없는 상상력의 향연을 펼쳐간다

이겨내야 해

처음에는 가려운 작은 상처
우리의 피부를 간지럽혔다
그러나 무심코 무시하며
우리는 앞으로 나아갔다

그러나 상처는 치유되지 않고
점점 커져가며
마음을 괴롭히고

끝엔 우리를 갇히게 만든다
상처의 굴레에 빠져
움츠러들게 한다

그러나 우리는 끝내 이겨낸다
상처를 받았지만
우리는 강해진다

상처의 굴레를 벗어나며
우리는 다시 일어선다
새로운 희망으로 가득 차며.

탐험가

바다의 심연을 무대로 삼아
우아하게 헤엄치며
자유로운 흐름을 보여준다

바다의 푸른 심연을 자유롭게 탐험하듯
끝없는 여정에 몰두하고
우리에게 자유를 상기시킨다

자유로운 움직임은 마치
바다의 비밀을 알고 있는 듯하며

우리에게는 용기와 자유의 상징으로
끝없는 파란 심연의 무대를 연상시킨다

여행의 위상

숨겨진 길을 찾아 나선다
지도 없는 길 위를 걸어가며
끝없는 풍경을 바라본다

발걸음이 느릴수록 마주하는 풍경은
더욱 아름답게 펼쳐진다
한 걸음 한 걸음이 어딘가로 이끌리듯
지친 마음을 위로하며 나아간다

여행은 끝이 없다
그저 새로운 시작일 뿐
마주하는 모든 순간이
순수한 감동으로 기억에 남는다

제자리

해변에 늘어선 조약돌들은
한 폭의 그림 같은 풍경을 이루며
바다의 파도가 밀려오는 것을 대기한다

각기 다른 모양과 색깔을 가진 조약돌들은
바다의 강력한 힘에도 불구하고
그들은 자신의 자리를 지키고 서있다

바닷물이 밀려와도 조약돌들은
온종일 바다의 소리를 듣고
바다와 함께 한 세월을 고스란히 기억한다

고요한 골목길

나뭇잎 스치는 소리
고요한 골목길을 따라 걷는다
각 집마다 삶의 흔적을 느낀다

한적한 길을 따라가면
시간은 천천히 흐르는 듯하다
과거와 현재가 어우러진 곳

한 손에는 책, 한 손에는 생각을 안고
마음의 여유를 찾아가는 길
고요한 골목길은 나를 바라본다

아침의 인사

어제의 피로가 남은 몸을 일으켜
잠이 덜 깬 눈을 비비며
부엌에서 마주한 익숙한 풍경
식탁 위에 놓인 따뜻한 차 한 잔

창밖으로 들리는 새소리
거리에는 바쁜 발걸음들
모두가 하루를 준비하는 순간
나도 그 틈에 서서 하루를 맞이한다

서둘러 챙긴 가방과
잊지 않고 챙긴 작은 미소
이웃과 나누는 짧은 인사 속에
하루의 시작을 느껴본다

하루하루가 쌓여가는 시간들
소소한 일상 속에서 찾아낸
작은 기쁨과 평온함이
내 삶의 의미가 된다

카페에서

동네 모퉁이 작은 카페
문을 열고 들어가면
따뜻한 향기가 반겨주고
익숙한 자리로 나를 이끈다

주문한 커피가 나올 때까지
창밖을 바라보며
오고 가는 사람들을 보며
잠시 생각에 잠겨본다

책을 읽는 학생, 대화를 나누는 친구들
각자의 시간을 보내는 모습들 속에
나도 그 한 부분이 되어
짧은 여유를 만끽한다

잔 속의 커피가 식어갈 즈음
일어서는 발걸음이 가볍다
작은 쉼표가 되어준 이곳
다시 찾을 것을 약속하며

마음의 자유

순간의 찰나, 그 안에 숨겨진 환희는
예기치 않은 소용돌이처럼 나를 휘감는다
웃음은 저절로 입가에 머물고
가벼운 기쁨이 심장을 두드린다

사소한 것이었을지라도
그 순간에 깃든 빛은 눈부시다
잔잔하게 퍼져 나가는 감정의 파동은
나를 현실에서 벗어나, 더 높이 띄운다

즐거움은 단순한 감정의 흔들림이 아니다
그것은 일상의 균열 속에 숨어 있다가
우리가 그 틈을 발견할 때 폭발한다
그 불꽃은 잠깐이나마 영원을 머금고 빛난다

어느새 시간은 무의미해지고
모든 경계는 흐려진다
그저 흐름 속에 몸을 맡기며
즐거움의 파도에 몸을 실은 나를 발견한다

가장 단순한 순간들 속에서
그 깊은 기쁨이 솟구쳐 오르고
마음의 벽을 무너뜨린다
그리하여 나는, 더 가벼워진다

즐거움은 도달해야 할 목표가 아니라
이미 우리 안에 잠재된 진실이다
그것을 깨닫는 순간, 나는 비로소
완전한 자유 속에서 춤을 춘다

충분함

햇살이 부드럽게 내려앉은 오후
따뜻한 바람이 내 어깨를 감싼다
바쁘게 흐르던 시간은 멈추고
나는 느린 걸음으로 세상을 바라본다

가로수 길에 나뭇잎이 가볍게 흔들리고
구름은 하늘에 떠서 천천히 흘러간다
소란스러웠던 마음은 잠잠해지고
지금 이 순간, 나에게는 오직 여유뿐

시계는 여전히 돌아가지만
나는 그 속에서 자유롭다
흘러가는 세상에 휘둘리지 않고
잠시 멈춰서 숨을 고른다

작은 새의 날갯짓
꽃잎이 흩날리는 장면
그 모든 것이 천천히 다가와
나를 감싸며, 가볍게 스며든다

세상은 여전히 바쁘게 돌아가겠지만
오늘은 이 느린 걸음 속에 머물고 싶다
여유로운 순간이 주는 깊은 안도감 속에서
나는 그저 그대로, 충분하다

너와 나

너는 아무 말 없이 떠났고
나는 그 침묵 속에서 나를 찾았다
너의 부재는 모든 것을 조용히 삼켰지만
그 빈자리에서 나는 더 많은 것을 느낀다

말하지 않아도 알 수 있는 것들이
마음속 깊은 곳에서 피어오른다
너의 침묵은 어쩌면 약속
언젠가 다시 만나리라는 희미한 믿음

바람이 속삭이듯 지나가고
시간은 조용히 흐른다
하지만 너와 나의 기억은
그 침묵 속에서 여전히 살아 있다

무언의 메시지는 바람을 타고
내 귀에 닿아온다
그것은 이별이 아니며
우리가 함께 공유한 순간들의 또 다른 시작일 뿐

침묵은 끝이 아니기에
나는 이 속에서 너를 기다린다
말 없는 시간 속에서도
우리는 서로를 느끼고 있다

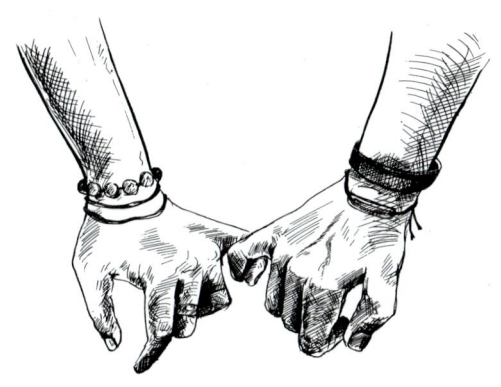